BIOGRAPHIE

DE

LOUIS NIEDERMEYER

PAR

THÉODORE NISARD

PARIS

E. REPOS, LIBRAIRE-ÉDITEUR

DE LIVRES LITURGIQUES ET DE CHANT ROMAIN

DE LA REVUE ET DU RÉPERTOIRE DE MUSIQUE SACRÉE

70, RUE BONAPARTE, 70.

—

LOUIS NIEDERMEYER

Si jamais, dans ma longue carrière littéraire et musicale, j'ai rencontré un artiste dont je ne partageais point toutes les opinions musicales, et pour lequel cependant j'ai toujours eu la plus profonde estime, ç'a été Niedermeyer, homme intègre, âme loyale et droite, cœur fidèle, caractère doux, timide, sincèrement religieux, et, en même temps, compositeur d'un rare mérite sous le rapport de la mélodie la plus exquise, de l'expression vraie des paroles, du coloris pittoresque et de la distinction de l'harmonie. Sa place est marquée désormais dans l'histoire de l'art, et cette place, aucun critique ne la lui ravira.

Louis Niedermeyer vit le jour à Nyon, canton de Vaud, près de Genève (Suisse), le 27 avril 1802.

Son père, né à Würzbourg, s'était marié et fixé en Suisse où il exerçait la profession de maître de musique. Il apprit à son fils les premiers éléments de cet art, et quand celui-ci eut atteint sa quinzième année, il fut envoyé à Vienne, capitale de l'Autriche, pour y compléter son éducation musicale.

Pendant deux ans, Louis Niedermeyer suivit, dans cette ville, les leçons d'Ignace Moscheles pour le piano, et d'Emmanuel-Aloysius Fœrster, pour la composition. On sait que Moscheles, célèbre virtuose sur le piano, fut le fondateur d'une nouvelle école dans laquelle on admire une brillante exécution mise au service des moyens de varier les accents et les qualités du son par le tact. On sait aussi que Fœrster est célèbre par un excellent traité d'harmonie et d'accompagnement qui a paru en 1805, à Vienne et à Leipsick, en un volume du format in-8°. Avec de tels guides, et grâce aux belles qualités de sa jeune intelligence, Niedermeyer ne pouvait manquer de conquérir un nom illustre.

Ce fut à Vienne que Niedermeyer publia ses premiers essais pour le piano.

En 1819, il se rendit à Rome où il reçut des leçons de Valentino Fioravanti, compositeur et maître de chapelle de Saint-Pierre du Vatican. Ce maître, dit M. Fétis, lui donna « une bonne direc-« tion pour l'art d'écrire la musique vo-« cale, art très-négligé dans les écoles « d'Allemagne et de France. »

Niedermeyer ne resta à Rome qu'une année environ et se rendit ensuite à Naples, où Zangarelli acheva de le former dans l'art d'écrire pour les voix.

C'est à Naples que, enhardi par les encouragements de Rossini, il fit représenter, au théâtre *del Fondo*, son premier opéra *Il Reo per amore* qui eut du succès.

Il revint en Suisse dans le courant de l'année 1821 et s'y livra à l'enseignement du piano. Niedermeyer y fit aussi quelques compositions au nombre desquelles il faut citer *le Lac*, cantate pour une seule voix avec accompagnement de piano, écrite sur les vers de Lamartine. Si les paroles en sont admirables, on peut dire que l'harmonieux vêtement dont l'artiste les a revêtues, le sont également, et qu'il y a, dans cette composition, un chef-d'œuvre de poésie et un chef-d'œuvre de musique. *Le Lac* eut un succès européen, et c'est encore aujourd'ui l'un des plus beaux titres de gloire du maestro.

Celui-ci vint à Paris vers 1823 : le succès du *Lac* semblait lui promettre une brillante carrière dans la capitale. Rossini lui fit un sympathique accueil et lui ouvrit les portes du Théâtre-Italien. Au mois de juillet 1828, on y joua son mélodrame intitulé *Casa nel bosco* dont le livret était une traduction de l'opéra-comique *Une nuit dans la forêt*. « Bien « qu'applaudi par le petit nombre de « spectateurs qui assistaient à la pre« mière représentation, dit M. Fétis, cet « ouvrage n'a pu se soutenir près des fana« tiques *dilettanti* de ce théâtre, qui ne « croyaient point alors qu'il y eût d'autre « musique possible que celle qui venait « d'Italie. Il y avait cependant du mérite « dans celle de Niedermeyer. »

Cet échec immérité porta le découragement dans le cœur de l'artiste. Celui-ci comprit que, pour réussir à Paris, il faut épuiser toutes les luttes de l'intrigue, et que trop souvent la science et le mérite n'y sont récompensés qu'après la mort.

Cette conviction douloureuse le conduisit à un parti extrême : il accepta la proposition qui lui fut faite d'entrer, comme professeur de piano, dans l'institution fondée à Bruxelles par M. Gaggia.

Il y resta dix-huit mois, pendant lesquels il ne tarda pas à mesurer l'abîme qu'il creusait, dans la solitude, sous l'avenir d'un talent aussi distingué que le sien. Il s'aperçut bien vite qu'il usait sa jeunesse sans profit pour sa gloire, et le besoin de conquérir cette gloire le ramena à Paris.

Il y publia plusieurs morceaux de musique vocale et instrumentale qui, de nouveau, fixèrent sur lui l'attention publique.

L'échec qu'il avait essuyé au Théâtre-Italien, lui inspirait le vif désir de s'en venger en écrivant pour la première scène française. Ce désir fut enfin exaucé, et son grand opéra intitulé *Stradella* fut représenté, en 1836, à l'Académie royale de Musique. Cette partition avait une valeur réelle : le rôle de Stradella y est fort bien traité ; en général, la mélodie y est d'un goût exquis, et l'harmonie qui l'accompagne, brille par une foule de détails d'une grande délicatesse. Comme musique de chambre, le succès eût été complet; mais, comme œuvre théâtrale, son sort n'était pas douteux. Le public, en effet, n'entend rien aux délicatesses du style musical; ce qu'il lui faut, c'est du bruit, de la *cabalette*, des effets matériels et incisifs, en un mot, de la force. Or, la lyre de Niedermeyer n'a jamais connu ces accents qui sollicitent une vogue éphémère et frivole. L'auteur lui-même avait trop de dignité personnelle pour mettre en œuvre les ressorts dont tout le monde se sert à Paris pour préparer les succès du théâtre ou en réparer les désenchantements. *Stra-*

della devait tomber comme *Casa nel bosco*. Cependant, les vrais connaisseurs ont rendu justice à Niedermeyer : plusieurs morceaux de *Stradella* ont été applaudis plus tard dans les concerts, et l'ouvrage, repris à l'Opéra, a été mieux compris par l'auditoire.

Sept années s'écoulèrent avant que Niedermeyer voulût ou pût aborder de nouveau la scène française. Enfin, au mois de décembre 1844, l'Opéra fit jouer sa partition de *Marie Stuart*, en cinq actes.

Cette œuvre de longue haleine se distinguait, comme toujours, par de belles choses, par de douces et poétiques mélodies, par de vagues rêveries de l'âme, par d'heureuses inspirations toujours fines, toujours distinguées, toujours délicates; mais la force et l'énergie manquaient, et *Marie Stuart* n'eut pas un meilleur sort que *Casa nel bosco* et *Stradella*...

Niedermeyer fut dédommagé de l'indifférence du public par un honneur qu'il méritait certainement à plus d'un titre : son opéra de *Marie Stuart* lui valut la décoration de la Légion d'honneur.

En 1846, il fut appelé à Bologne par Rossini, afin d'adapter la musique de *La Donna del Lago* à un livret d'opéra français qui avait pour titre *Robert Bruce*, et d'écrire les morceaux nécessaires pour compléter l'œuvre. Évidemment, c'était là une tâche ingrate; elle ne fut point heureuse, et l'ouvrage, représenté au mois de novembre de la même année, disparut de la scène.

Sept années s'écoulèrent encore avant que Niedermeyer pût tenter un dernier effort pour se maintenir dans la carrière dramatique. Cet effort produisit son opéra de *La Fronde*, en cinq actes, qu'on représenta à l'Académie impériale de Musique dans le courant du mois de mai 1853. Dans cet opéra, l'auteur prouvait enfin qu'il comprenait le défaut de ses qualités. Il s'y montre énergique et fort; mais ce n'est qu'une apparence qui n'atteint pas au but, et qui a le malheur de paralyser les gracieuses inspirations du compositeur. Aussi *La Fronde* n'eut qu'un très-petit nombre de représentations, et fut le dernier essai dramatique de Niedermeyer.

Celui-ci, depuis quelque temps, avait conçu le projet de continuer l'institution de musique religieuse que l'illustre Choron avait autrefois fondée.

Pour une pareille entreprise, les secours du Gouvernement lui étaient nécessaires.

Une première subvention annuelle de 5,000 francs fut accordée à Niedermeyer.

Les heureux résultats qu'il obtint avec cette somme si modique, engagèrent le Gouvernement à créer un certain nombre de bourses, de 500 francs chacune, pour les élèves les mieux organisés, et des diplômes de maîtres de chapelle et d'organistes pour les lauréats des concours.

Voici comment M. Joseph d'Ortigue rendait compte, dans le *Journal des Débats* du 14 août 1855, de la distribution des prix qui avait été faite aux élèves de l'*École de Musique religieuse* de Niedermeyer, le 2 du même mois, sous la présidence de M. Contencin, conseiller d'État et directeur général des Cultes : « ......J'ai assisté « à tous les concours, disait M. d'Ortigue, « et je puis affirmer que j'ai toujours « été frappé d'étonnement, quand je n'ai « pas été frappé d'admiration. Je ne « parlerai pas ici des concours de solfége « et de composition qui ont été extrêmement remarquables, je parlerai seule« ment des concours de piano et d'orgue. « Figurez-vous une douzaine d'élèves de « l'âge de dix à dix-huit ans, parmi les« quels plusieurs n'avaient jamais mis « les mains sur un clavier, il y a dix-huit

« mois; figurez-vous ces élèves exécuter « en grands musiciens, c'est-à-dire avec « un aplomb, une précision, une intel- « ligence, une netteté admirables, les « œuvres de Jean-Sébastien Bach les plus « difficiles, les plus ardues, les plus hé- « rissées de combinaisons scientifiques « Figurez-vous ces mêmes élèves à l'orgue « de Saint-Vincent-de-Paul, ce bel orgue « illustré par les mémorables séances de « M. Lemmens, aborder les œuvres les « plus terribles, les plus compliquées, « du même J.-S. Bach. Intimidés, émus « d'abord dans le morceau de concours, « la prodigieuse fugue en *mi* mineur, ils « se sont peu à peu rassurés et ont exé- « cuté, avec une aisance surprenante, des « morceaux de leur choix, pris parmi « ceux que les maîtres de l'art, les « Lemmens, les Hesse, les Alkan, met- « tent au nombre des plus inabordables. « Ah! s'écriait M. d'Ortigue, si un homme « de mon âge pouvait être excusable de « désirer revenir à l'âge de ces jeunes « gens, ce serait en entendant de sem- « blables merveilles! Si j'avais trente- « cinq ans de moins, j'irais dire à ces « jeunes élèves : « *Acceptez-moi pour* « *votre camarade!* J'irais dire à M. Nie- « dermeyer : *Prenez-moi pour disciple!* « Et quelle noble carrière s'ouvre devant « ces jeunes gens! Ils sont appelés à ré- « générer l'art religieux, non-seulement « par l'étude sérieuse qu'ils en font, par « l'étude de ses traditions, de ses trans- « formations, mais encore par tout l'en- « semble de leur éducation. L'art reli- « gieux! non cet art religieux comme le « comprennent certains esprits de notre « époque, qui s'en va errant dans des « sentiers inconnus, loin de toute foi « arrêtée, de toute croyance définie; ce « prétendu art religieux, cet art, esprit « fort qui transforme tantôt le temple en « théâtre et le théâtre en temple; mais « cet art religieux qui croit, qui se sou- « met, qui s'unit à l'Église, qui prie, « pleure et se réjouit avec elle; cet art re- « ligieux qui nous montre saint Grégoire « dans le sanctuaire, Palestrina au « chœur, J.-B. Bach à l'orgue. J'aurais, « ajoutait enfin M. d'Ortigue, longuement « à parler encore de l'avenir de cette in- « stitution, de l'influence qu'elle exercera « indubitablement et sur la dignité de « l'art et aussi sur la dignité des artistes, « mais l'espace nous manque. Cette insti- « tution fondée par le ministre de l'In- « struction publique et des Cultes, se- « condée par Mgr l'archevêque de Paris « et plusieurs autres prélats, fait le plus « grand honneur à son fondateur, à ses « protecteurs, et à son digne directeur « M. L. Niedermeyer, compositeur d'un « talent éminent, en qui les élèves trou- « vent plus qu'un maître habile et dé- « voué : un excellent modèle. »

J'ai reproduit ces chaleureuses paroles de M. d'Ortigue dans la livraison de février 1856 de ma *Revue de Musique ancienne et moderne* (pp. 119-129), et je les répète aujourd'hui encore, mais avec une restriction. M. Joseph d'Ortigue, dans ce qu'on vient de lire, déploie son drapeau d'esthétique musicale religieuse : *Saint Grégoire dans le sanctuaire, — Palestrina au chœur, — Jean-Sébastien Bach à l'orgue.* Or, saint Grégoire était pape, — Palestrina, catholique, — et Bach, protestant. Saint Grégoire, vicaire de Jésus-Christ, pouvait à bon droit diriger l'art religieux *qui croit*, *qui se soumet*, *qui s'unit à l'Église;* Palestrina a élevé son vaste et pieux génie à la hauteur de ce critérium de l'idéal catholique; mais J.-S. Bach, malgré son immense talent, n'a pu enseigner en musique ce qu'il n'admettait pas en religion.

Je reviens à Niedermeyer.

Préoccupé de l'amélioration de la musique d'église, il s'attacha surtout à l'étude du plain-chant dans ses rapports avec l'harmonie. C'est à cette étude que l'on doit le livre qu'il publia, avec la collaboration de M. Joseph d'Ortigue, sous le titre de *Traité théorique et pratique de l'accompagnement du Plain-Chant* (Paris, E. Repos, 1855, gr. in-8° de 116 pages).

L'idée de ce *Traité* appartient exclusivement à Niedermeyer. M. d'Ortigue avait pensé jusqu'alors que le plain-chant est un système essentiellement mélodique, parce que l'harmonie, étant issue d'éléments étrangers et venus plusieurs siècles après, ne pouvait s'associer à une forme pour laquelle elle n'était pas faite. Il n'admettait qu'une exception en faveur de quelques faux-bourdons adoptés par l'Église dans certaines solennités; mais lorsque Niedermeyer lui eut *démontré* que non-seulement le plain-chant était susceptible d'une belle harmonie, mais encore qu'elle était le développement naturel des lois mélodiques du plain-chant lui-même, M. d'Ortigue comprit cette fécondité propre au système des modes ecclésiastiques et en vertu de laquelle, loin d'être déshérité des avantages du système moderne, il peut et doit engendrer, aussi bien que ce dernier une théorie harmonique.

Ce qui *convertit* M. d'Ortigue, ce fut l'exposé des deux règles fondamentales suivantes :

1° Nécessité, dans l'accompagnement du plain-chant, de l'emploi exclusif des notes de l'échelle;

2° Nécessité d'attribuer aux accords de *finale* et de *dominante,* dans chaque mode, des fonctions analogues à celles que ces notes essentielles exercent dans la mélodie.

« L'énoncé de ces deux règles, dit « M. d'Ortigue, fut pour moi *un trait de* « *lumière;* à l'instant les bases du sys« tème harmonique grégorien me furent « révélées. J'entrevis *sans peine* qu'une « bonne harmonie, dans toute tonalité, « n'étant que le résultat de quatre mélo« dies simultanées, les trois mélodies « ajoutées dans le plain-chant à la mélo« die principale, loin de rendre plus con« fuse la perception du mode, devaient, « au contraire, contribuer pour leur part à « le mettre en lumière, puisque chacune « de ces mélodies justifie de son côté les « mêmes lois. — Après que cette com« munication m'eut été faite, dit enfin « M. Joseph d'Ortigue, nous eûmes, mon « collaborateur et moi, pendant plus d'un « an, des conférences presque journa« lières dont le *Traité théorique et prati*« *que de l'accompagnement du Plain*« *Chant* a été le résultat. »

Il n'entre pas dans l'objet de cette notice d'examiner en détail le système nouveau qui forme la base du livre publié par Niedermeyer, avec le concours d'un savant écrivain; mais on me permettra bien de dire, avec M. Fétis, que cet ouvrage, erreur d'un esprit distingué, ne peut qu'entraîner les organistes dans une voie déplorable, parce qu'il est complétement erroné au point de vue de l'application de l'harmonie à la tonalité du plain-chant.

Cependant, comme nul n'est juge infaillible dans une cause où il est personnellement engagé par des intérêts similaires, je mettrai sous les yeux du public des exemples appartenant aux huit modes du plain-chant, avec les accompagnements donnés par Niedermeyer. On les trouvera à la suite de cette Notice.

Vers le même temps, l'association de Niedermeyer avec M. d'Ortigue produisit encore le journal de musique religieuse intitulé *La Maîtrise,* qui parut en 1857, et dans lequel il publia un grand nombre de morceaux de musique d'église.

L'année suivante, il abandonna la part qu'il avait prise dans la direction de ce journal.

Niedermeyer mourut à Paris le 14 mars 1861, à l'âge de cinquante-neuf ans, laissant un fils et deux filles sans fortune......

Indépendamment des ouvrages qui ont été cités dans la présente Notice, on a de cet auteur :

1° Plusieurs *messes*, dont une à grand orchestre, qui a été exécutée plusieurs fois à Saint-Eustache et dans d'autres églises. « Cette messe, disait M. Joseph d'Ortigue « dans le n° du 27 juillet 1856 de la « *Revue et Gazette musicale de Paris*, cette « messe est un chef-d'œuvre d'art, de « style et de sentiment religieux; car, « quelque grands et fréquents que soient « les abus qu'on fait de la musique dans « les temples, il serait souverainement « injuste de refuser à l'art moderne l'ex- « pression calme, élevée, contemplative et « grandiose dont Mozart, dans la *Flûte* « *enchantée*, Beethoven, dans ses sonates, « ses quatuors et ses symphonies, ont don- « né de sublimes exemples... Mettons donc « au nombre des belles œuvres de musi- « que sacrée la messe de M. Niedermeyer. « Quant à moi, disait encore M. d'Orti- « gue, je ne puis l'entendre sans en être « vivement ému. C'est que cette œuvre se « distingue par le caractère qui convient « surtout à la prière : elle replie l'âme « sur elle-même, elle lui parle un langage « recueilli et pénètre en elle par mille « voies secrètes. »

2° — Beaucoup de *motets*, *hymnes*, *antiennes*, etc., avec accompagnement d'orgue.

3° — Des *préludes* pour orgue.

4° — Une grande quantité de mélodies dont j'ai déjà cité *Le Lac* et au nombre desquelles il faut mentionner *L'isolement*, *Le Soir*, *L'Automne*, *La voix humaine*, sur des poësies de Lamartine; *La Ronde du Sabbat*, *la Mer*, *Puisqu'ici-bas*, sur des poësies de Victor Hugo; *La Nôce de Léonore*, *Une scène dans les Appennins*, d'Émile Deschamps, etc.

5° — Quelques morceaux en langue italienne.

6° Des compositions pour le piano, dont un rondeau brillant avec accompagnement de quatuor, des thèmes variés et des fantaisies.

TH. N.

Le Mans. — Imp. BEAUVAIS.

www.ingramcontent.com/pod-product-compliance
Lightning Source LLC
LaVergne TN
LVHW010331230826
846091LV00009B/3820
9782019218393